멀리 날아보지 않은 새

초판 발행 2013년 6월 7일

지은이 정경혜
펴낸이 안창현   펴낸곳 코드미디어
북 디자인 Micky Ahn   편집디자인 김도경   교정 교열 표수재

등록 2001년 3월 7일   등록번호 제 25100-2001-5호
주소 서울시 은평구 갈현1동 419-19 1층
전화 02-6326-1402   팩스 02-388-1302   전자우편 codmedia@codmedia.com

ISBN 978-89-94178-67-7   03810

정가 10,000원

이 책의 판권은 지은이와 코드미디어에 있습니다.
잘못 만들어진 책은 교환해드립니다.

멀리 날아보지 않은 새

징경혜 시집

줄곧, 세상이 너무 외롭다는것
결국 '나는 혼자라는것'에 대한 하두리
詩의 주제를 탈피하지 못하고 있다.
'가을날'의 격제의 감성을 간직하며
E.A 포우의 '애너벨리' 같은 사랑을 꿈꾸며
욕심없이 살다 가고 싶다.

2013. 5

contents

시인의 말 4

작품 해설 지연희 | 신선하고 선명한 언어의 조합으로 이룩한 흡인력 101

01
비 오는 저녁

12 _ 비 오는 저녁
13 _ 네오마스캇
14 _ 달맞이 꽃
15 _ 네잎 클로버
16 _ 다알리아
17 _ 작약
18 _ 감꽃 피는 마을
19 _ 벽제의 아침
20 _ 감기약
21 _ 길
23 _ 그대 없이 보낸 하루
24 _ 머리를 자르고
25 _ 에스프레소
26 _ 또 하나의 나
27 _ 바람의 향기
28 _ 공원 벤치

02
현관문을 나서듯이

30 _ 현관문을 나서듯이
31 _ 나무에 부는 바람
32 _ 탓
33 _ 잠실대교를 건너며
34 _ 하늘을 보니
35 _ 카페 Will
36 _ 사당동 한치횟집 풍경
37 _ 겨울바다
38 _ 바닷가에서 1
39 _ 빛바랜 그리움
40 _ 아무것도 모르면서
41 _ 이별
42 _ 춘천을 향해
43 _ 오후 3시 풍경
44 _ 경포 일출
45 _ 안산포구에서

contents

03

별과 초승달

48 _ 서해에서
49 _ 줄포 모항
50 _ 소래 풍경
51 _ 오이도에서
52 _ 그 女子
53 _ 잊을 수 있다면
54 _ 장마
55 _ 낙루
57 _ 청계산
58 _ 구월의 연가
59 _ 깊은 가을
60 _ 돌아선 가을
61 _ 은행나무
62 _ 진눈깨비
63 _ 잔인한 날
64 _ 별과 초승달

감성시인 정경혜 시집

04
햇살나무

66 _ 술 1
67 _ 술 2
69 _ 술 3
70 _ 술 4
71 _ 술 5
72 _ 술 6
73 _ 아버지
74 _ 자유인
75 _ 비가 그친 후
76 _ 처음 배운 노래
77 _ 당신 속의 나
78 _ 바람 불던 날
79 _ 햇살나무
80 _ 그 아이
81 _ 겨울 호수
82 _ 우리 콩이

contents

05

새와 나무

84 _ 회상
85 _ 사 자 시
86 _ 사랑 시작
87 _ 수문 연 댐을 보며
88 _ 싫어서가 아닌
89 _ 사랑의 진실
90 _ 10월에
91 _ 겨울비
92 _ 겨울 이야기
93 _ 비밀 상자
94 _ 새와 나무
95 _ 상처
96 _ 생활
97 _ 너의 사랑은
98 _ 내 마음
99 _ 전설 같은
100 _ 오늘

01 비 오는 저녁

비 오는 저녁 네오마스캇 달맞이 꽃 내일 클로버 다알리아 작약 감꽃 피는 마을 백제의 아침
감기약 길 그대 없이 보낸 하루 머리를 자르고 에스프레소 또 하나의 나 바람의 향기 공원 벤치

비 오는 저녁

가로등 불빛이 나의 우산
불빛 아래 서서
빛의 파편들을 맞는다

진한 술잔이 나의 사랑
흔들리는 대로
파도의 눈물을 마신다

비 오는 저녁에는
오
는
저
녁
에
는

네오마스캇*

켜켜로 재어 놓은 포도알
해를 넘긴 외로움에
온몸으로 젖어드네
밤이면
아편같이 중독되는
고요한 세상 한 모퉁이
살아 있는 시계소리와
흔들리는 잔 하나뿐
기억은 희미해지고
외로움도 더 갈 곳이 없어지면
해를 넘긴
달콤한 네오마스캇
기다림과 홀로서기를 벗삼아
메마른 심장을 젖어들게 하네

―――――
* 네오마스캇 : 포도의 한 종류로 청포도를 주로 일컬음

달맞이 꽃*

그대,
달맞이 꽃 앞에서
내게 변명했지

얼마나 그 말이 당신에게 힘들었을까

---

* 달맞이꽃 : 바늘꽃과의 이년초. 저녁에 피어서 아침에는 시듦

네잎 클로버

따가운 햇살 등에 이고
이것만이 마지막 행운이라는
어리석음으로
오후 한때를 보내면서

살아야 하는 것이
사랑하면서 살아야 하는 것이
의지대로 될 수 없어
작은 잎새에 나를 맡긴다

결코 찾지 못할 것을 알면서
이제 돌아서야 할 것을 알면서
더욱 아파질 것을 알면서

후두둑 쏟아지는 눈물을 느끼거든
내 가슴에 피어다오
네 잎으로

다알리아

뜨거운 여름 소나기 같은

오월의 신부 웨딩드레스 같은

아기 손에 쥐어든 막대사탕 같은

마른 장작 얹어 놓은 화톳불 같은

시골 한켠 별빛 받은 실개천 같은

작약

꼭 다문 봉오리
동백인가 했더니
활짝 피는 네 모습
계집애들 함박웃음 같아

연보라 치마저고리에
감추어진
희디흰 살결
사랑으로 아낌없이 주는
네 모습

가까이 다가서지 않아도
바람처럼 밀려드는 향기
한여름 소나기 같은
시원스런 푸른 잎

꼭 다문 봉오리
새침하더니
미소 짓는 네 모습
첫사랑 그대 수줍음 같아

감꽃 피는 마을

너무 넓은 하늘 비추기가 이제는 지쳐
눈썹같은 달님에게
자리를 내어주고 돌아가는 해님
그 뒷자락에 고운 노을이
수줍게 마을을 엿봅니다

검둥개도 흙을 치며 뛰어다니고
솜사탕만큼이나 희디흰 저녁 연기는
아이들을 부르고
듣고 또 들어도 알 수 없는 정겨운 새들의
울음도 바빠지고

어느새 감꽃 마을은
훌쩍
먹물을 머금은 화선지가 되어
수줍은 노을도 잠을 재우고

꽃잎 하나 떨어져 별이 된 이야기와
꽃잎 둘 떨어져 달이 된 이야기로
소곤소곤 새벽을 기다립니다

벽제의 아침

무엇을 위해
모진 세상 견디어 왔을까
누구를 위해
쓰린 외로움 견디어 왔을까
바람타고 흩어질
한줌 잿빛가루
너무 가벼워
너무 허무해

남은 것은 육신이 아닌
묻은 것은 세월이 아닌
살기 위해 미워하고
잊기 위해 사랑하고
더 소중하고 더 아름다운 生은
오월의 꽃잎따라
향기만을 남기고

너무 가벼워
너무 허무해
서러운 벽제의 아침

감기약

몸이 시름시름해 오더니
약 덕분에
마음까지 아릿하다

불어오는 바람이
달콤하던 시절도 있었는데
뼈마디 속속 아려만 온다

추위 속을 견디며 피는 동백이길 바랐는데
서리쯤에 움츠리는 앉은뱅이 꽃 같다

마음이 몸을 이기고
사랑이 껍데기를 이기리라 여겼는데
껍데기가 사랑을 이긴다

날이 새면
몸은 시름시름 하더라도
약 덕분에
마음을 열어야겠다

길

걷고 있다
지금, 짧은 시작이었으나
그래도 발이 가는 곳엔
길이 있다
누군가 이끄는 대로 눈을 감고도 걸어온
지난 세월 앞에
문명 없는 원시의 어두운 길이 보였다

내딛지 못한다면
돌아보아도 홀로인 아득한 과거
눈물로도
한숨으로도
발은 떼어지지 않고

무엇인지도 모를 신기루를 위해
만날 수 있는 모든 아픔을 이기기로 하고
추억 속에 그랬듯이
이 길에도 꽃은 피고 새는 우는가

바람 불면 누워 마시고
눈이 오면 일어나 반기듯
햇살 가득 그 가슴에 묻고
종점으로 달리는 가슴속의 과거

문명을 일깨우며
그래도 발이 가는 곳엔 길이 있다

그대 없이 보낸 하루

하나밖에 없던 사랑이
식고 있다
돌아서면 보고파
숨도 못 쉴 만큼 그리움에 몸서리치던
가슴 저렸던 시간들
그대와 나
한 몸임을 의심해 본 적이 없다

서둘러 헤어짐을 예약하고
생각없는 미소로 시간을 탓하다가
이제는 그대없이 보낸 하루가
낯설지 않다

너 없이도 행복할 수 있다는
불행하지 않은 항변으로 감싸는
허탈한 웃음

하나밖에 없던 별빛같은 영혼이
빛을
잃는다

머리를 자르고

14년 만에 머리를 자른 것은
소리칠 수 없는 내 부자유 때문인 것을
사람들은 상심傷心인 줄 안다

깨져버리지도 못하고 오그라드는
플라스틱 조각처럼
숨막히는 탈진의 나날들을
술로 토하고
눈물로 토하고

여기,
상념없는 푸르름의 바다여
나를 불러 네 곁에서 숨 쉬게 해다오
조각난 내 14년의 머리칼을 받아다오
네 가슴에 품고 나를 잠들게 해다오

말이 없는 불면의 바다여
네 생生의 재물로 나를 받아다오

에스프레소

눈을 뜨면
버릇처럼 네게 손이 간다

흔들리듯 가득한
삶이 너인 양
그렇게 부질없이 보낸
점점의 시간들

살며시 무릎 모으고 턱을 고이면
유리벽을 타고 흐르던
비와 음악과 사랑과
너

짙은 그리움과
피어오르는 고독한 향기
너와 함께했던
사선의 시간들

눈을 감고
너를 느낀다
너를 마신다

또 하나의 나

나는 나를 죽이고, 내 안의 너를 죽이고
부끄러움없이
또 다른 나와 너를 만난다

아픔을 덜어내려는 것은 더 큰 아픔이
파고드는 것을
어리석음으로 되풀이하고

기다림의 짧은 순간 견디지 못하고
그리움의 진한 눈물 참지 못하고

이 순간, 이 자리에
집착하는 마음

이제는
부끄러움 없이
또 다른 나와 너를 떠나보낸다

바람의 향기

돌아서며 가슴이 아려오는 까닭은
당신 때문은 아닙니다
흐려져오는 시야를 떨구고
누군가가 이 순간부터 내 곁에 없다는 것이
두렵습니다

모두들 바람처럼 떠나가지만
그 향기의 소중함은 알지 못합니다

당신은
나를 돌아볼 수 있는 生의 향기를 주었습니다

머물 수 없는 것이 바람이라지만
두려움이 사라질 때까지만이라도
그 향기의 소중함을 간직하게 해 주십시오

공원 벤치

드문드문 벗겨져 세월의 속살이 드러난
공원 벤치

계절이 다시 돌아 왔어도
감나무 아래 벤치는 찾는 이 없다

속살 사이 못으로 남아 있는 상처

누군가 앉고 또 앉아
못자리 아물면 찾는 이 있을까

02 헌팟므읔 나서듯이

헌팟므읔 나서듯이 나무에 부는 바람 탓 잠실대교를 건너며 하느을 보니 가페 WIII
사랑동 한지횟집 풍경 겨울바다 바닷가에서 1 빛바렌 그리움 아무깃도 모르면서 이별
출적을 향해 오후 3시 풍경 경포 일출 안신포구에서

현관문을 나서듯이

잠시
아주 잠시,
눈물을 보이고는
현관문을 나서듯이 모든 것을 잊는다

그토록
찬란하고 가슴 설레던
지난날이
현관문을 나서듯이 쉽사리 잊혀진다

자리를 바꾸어 앉아도
해는 비추고
달은 뜨고

이제는
현관문을 나서듯이
눈물의 열쇠로
지난날을 잠그고
고개 들어 개인 하늘을 본다

나무南無*에 부는 바람

한동안
숨이 멎고……

무릎 꿇고 백팔 배의 기도로
번뇌를 덜어내듯
쌓아올린 예닐곱 개의 돌무덤으로
근심을 덜어내듯

가득 메운 전나무 숲 사이로
짙푸른 파도소리
부는 바람

어둡고 차가운
사바**의 기운이
나무에 부는 바람 타고
내소사 대웅전
풍경에 울리면

그제사
멎은 숨이
토해 나오고……

---

* 나무南無 : namas. 돌아가 의지함. 부처 이름이나 경문 이름 앞에 붙여
　　절대적인 믿음을 나타내는 말
** 사바 : 속세, 인간세계

탓

축 늘어진 좁은 어깨와
헐렁한 바지 뒤쪽으로 힘없이 꽂혀있는 두 팔
윤기 없는 머리칼 늘어뜨린 고개 위로
행복한 사람들만을 위한 가을 하늘이 있다

분명,
그녀의 시야는 흐려져 있을 테고
깨문 입술 사이로
지나간 욕망이 붉은 점을 만들 것이다

가을 탓
바람 탓
사람 탓
시간 탓
그녀에게 남은 건 그 모든 탓뿐이다

후두두둑
고개를 떨구자
그녀가 가을을 발등에 떨군다

잠실대교를 건너며

가득 고인 눈물이
윈도우 브러시의 재빠른 움직임따라
가슴으로 쏟아진다

어느 여가수의
삶의 끝에서 부르는 완전한 사랑이라는 노래가
다시금
강변에 떨어지는 빗줄기를 거세게 하고

스치는 색색의 자동차들이
세월의 인연들처럼
조각조각
가슴에 박혀온다

하늘을 보니

그리움으로
산을 올라
하늘을 보니
그리움은 지는 노을이 되더이다

잊혀짐으로
산을 올라
하늘을 보니
잊혀짐은 검은 구름이 되더이다

기다림으로
산을 올라
하늘을 보니
기다림은 언뜻 초롱한 별이 되더이다

카페 Will*

미래만이 숨을 쉬는 곳인가
Will
과거의 촛농들과
현재의 강물이 눈앞에 있는데

비바람 뒤에
뜨거운 태양이 비출지
더욱 거센 폭풍우가 다가올지
한치 앞도 알 수 없는
Will

앞에 앉은 사람은 과거를 추억으로
현재를 잡고 있고
옆에 앉은 사람은 현재를 속삭이며
미래를 잡고 있고

촛농은 쌓여서 섬을 이루고
강물은 섬을 삼키고
Will은 어디로 가고 있는가

---

* 카페 Will : 경춘선 강촌역에 있는 cafe 이름

사당동 한치횟집 풍경

오늘밤 그 술집의 창살은
내가 갇히고 싶었던 정신병동의
창살이다

웃으면 미소 짓고
눈물 흐르면 가슴에 묻어 주고
생生과 사死 그 날의 사랑이다

창살 너머 희미한 푸른 빛은
지난 세월 수없이 지나친
상처의 흔적이다

울부짖는 검은 눈동자
야윈 다섯 손가락 위 푸른 정맥처럼
가슴 아픈 추억

오늘밤 그 술집의 창살은
내가 갇히고 싶었던
그 날의 모습이다

겨울바다

한통의 편지가 밀려오더니
세찬 비바람으로
바위 위에 자욱을 남기고 간다
아직은
외투깃을 여미어야 할 겨울 끝자락
가슴 조금도 열어 보이지 못하고
자꾸 움츠린다

별 같은 ----- 비를 맞고
꽃 같은 ----- 비를 맞고
안개 같은 ----- 비를 맞고

밀려온 한 통의 편지
하염없이 비를 맞는다

바닷가에서 1

내 이제야 알겠다
격정으로 달려온 사랑이
제풀에 꺾이고 차가운 이성에 부딪혀
바스러지는 모래 알갱이와
금세 사라지는 포말이 되는 것을

내 이제야 확실히 알겠다
모래밭 고운 추억이나 노을처럼 붉던 그리움이
수평선 너머 사라져 버리는 건
요란한 파도 소리가 아니라
이룰 수 없는 사랑으로 흩어지는 것을

내 이제야 분명히 알겠다

빛바랜 그리움

해질 무렵,
차가운 겨울 하늘 끝에 묻어 있다
가슴에서 도려낸 흩어진 추억 하나

사람을 알면서
사랑하지 못하고 그리움부터 키워온 날들

해질 무렵,
고개 들어 하늘을 보면
두 눈 속에 별이 떨어진다

쏟아지는 겨울 별
쏟아지는 그리움

아무것도 모르면서

너는
달빛과 음악이
너무 잘 어울린다고 했다
그때
내 눈에 눈물이 고인 것을
너는 모른다

너는
이 순간이 가장 행복하다고
귓가에 속삭였다
그때
내 가슴엔 불행이 시작되었음을
너는 모른다

너는
아무것도 모르면서
사랑을 한다

이별

스쳐가는 절정의 아름다움인 줄은
알았지만

눈을 떠보니
새벽 안개보다 더 차갑게
더 빠르게 사라지는 구나

품에 안을 수 없는
향기로운 가을 바람처럼
머물지 않는 포옹인 줄은
알았지만

눈을 떠보니
겨울 바다에 떨어지는 눈송이처럼
흔적 없이 사라지는구나

춘천을 향해

아무말 없이
헤어짐은 결코 아닐 것이라는 막연함으로
말없이 떠났다

북한강은
곧 비가 올 듯 바람이 세지고
하늘에선 천둥번개가 치고 있었다

청평사* 돌담 사이 묻어둔 이승 인연
마지막 뱃시간에 서둘러 찾을 수 있다면
헤어짐은 결코 아닐 것이라는……

춘천을 향해
그대를 향해

---

* 청평사 : 강원도 춘천시 북산면 청평리에 소재한 절 이름

오후 3시 풍경

도심
변두리 어느 까페
햇살 드는 창가도
한가로이 졸고 있는
오후 3시

아침도 아니고
낮도 아니고
저녁은 더욱 아닌, 이름만
오후 3시

창밖의
외로운 이름
'소각 금지
 산불 조심'

내 맘의
서글픈 이름
'사랑 금지
 사람 조심'

경포 일출

붉은 입술을 허락하고는
온몸으로 나를 압도한다

해면에 비치는
부서지는 너의 순결

소리 없는 고통으로
버림 없는 소유로

후회 없는 벗은 자의 빛
아픔 없는 잃은 자의 노래

안산포구에서

짠 내음
소리치는 포구는
살아 있는 아픔이다
기울이는 술잔 속에
해도 지고
그 안에 살아 있는
너를 보았다
언제나 해맑던
언제나 소년 같던

배는 머물고
포구를 떠났다
반쯤 남은 술잔
너의 향기인 양 남겨두고

호주머니 끝에 마른손 찌르고
나는 돌아서는데
돌아서는 길,
짠 이슬이 입술에 너를 두고 갔다
내 안에
너를 두고 갔다

03 별과 초승달

서해에서 돛포 모양 소래 풍경 오이도에서 그女子 잊을 수 있다면 장마 나무
정계산 구월의 연가 깊은 가을 돌아선 가을 은행나무 진눈깨비 잔잔한 날 별과 초승달

서해에서

서해의 한사리*
스러진 햇빛이 무리를 만들어
부딪치는 파도 따라
해안선에 닿을 때
마음도 그곳에 멈추어 버렸다

바다 끝에 걸린
배 한 척도 꿈쩍하지 않고
바람 따라
철없는 물결만 흔들어 놓는
서해바다

돌아올 수 있을까
물결 따라 떠나보련만

―――――
* 한사리 : 음력 매달 보름날과 그믐날에 조수가 가장 높이 들어오는 때

줄포 모항

절벽 아래
바위 위에
지는 햇살 저편에

하늘 빛깔
내려앉아
바람이 흔들어 내는대로
모습 간직한 포구

두 팔 벌려
가슴 가득 너를 품고파
어제를
빌려 타고
서해안을 달린다

소래 풍경

갈대 무성한 녹슨 기찻길은
아프지도 않게 앓고 난 몽롱한 황홀처럼
가슴 떨리게 했다

점점이 하얀 아름다움이
꼼짝없이 전신을 묶어 놓고
그저 미소 짓게 했다

무릎 꿇은 줄타기 곡예도
첫사랑 가슴앓이만큼이나 숨막히게 했다

겹겹이 살이 맞닿은 바다 생명들의
아우성 소리는
내가 지금 살아 있음을 느끼게 했다

건너보기 전에는 별천지를 알 수 없는
소래포구여

오이도에서

파도가 밀려와
모래를 안고 간다

아픔이 밀려와
그리움을 안고 간다

석양이 내려앉아
물빛을 흔들어 놓는다

바람이 볼을 스쳐
약속을 흔들어 놓는다

세월이 비를 불러
돌탑을 무너뜨린다

안개가 밤을 불러
영혼을 무너뜨린다

그 女子

이글거리는 태양 아래
오아시스를 찾는
목 마른 한 女子

피어오르는 아지랑이
그 너머 있으리라
무릎 꿇은 한 女子

나무 한 그루
바람 한 자락
위선과 허상을 쫓다
한 줌 모래알이 되어 버린
그 女子

잊을 수 있다면

너를 잊기 위해
많은 것을 잃는다

더 많은 것을 잃는다 해도
너를 잊을 수 있다면
잃겠다

너를 보내기 위해
많은 것을 묻는다

사랑도 미움도 오해도 눈물도
너를 보내기 위해
세월까지 꺼내어 묻는다

장마

새벽녘부터
쏟아붓던 비가
오전에는 가랑비가 되었다
우산을 들기에는
답답한 하늘

오후부터 개는 듯 싶더니
어둑어둑 해 질 무렵
굵은 선으로 한바탕
쏟아붓는다

씻겨 내려가던
정情 하나가
바윗돌에 걸려 꼼짝을 못 하고

10년을 쏟아붓는
비극의 하늘

낙루

가을 빗줄기 속에 별이 뜬다
초가삼간 처마 밑
총총히 떨어지는 빗방울
그 사이로 두 개의 별이 뜬다

하루에 한 번
부끄럼 없는 날
하늘을 바라보면
영혼을 밝혀주는 영롱한 별빛

하루에 한 번
하늘도 못 보는 가슴에
별이 뜬다

가을 빗줄기 속에 별이 뜬다
가로등 전신주 밑
알알이 떨어지는 빗방울
그 사이로 하루살이 별이 뜬다

어느 날 문득
눈 이슬 맺히는 날
하늘을 바라보면
그때 보았던 별이 뜬다

하루에 한 번
하늘도 못 보는 가슴에
별이
진다

청계산

너를 핑계로 가을을 맞이할 준비를 한다
한없이 한없이 고개만 떨구어지는
모순을 일깨우러
흩어지는 잎들을 앞세워 너에게로 간다

부서지는 햇살 아래에서도
스며드는 안개비 속에서도
아름답던 지난날을 차곡차곡 접으며

푸른 잎이 붉어지듯
위선이 물들어가고
푸른 잎이 노랗게 변해가듯
웃음이 빛을 잃어

아니라고
맞이할 가을은 아닐 것이라고
애써 고개 저으며
흩어지는 바람을 앞세워 너에게로 간다

구월의 연가 戀歌

내 그대 모습 떠올라
저 달빛이 어지러져 보여도 참습니다

내 그대 목소리 그리워
저 강물이 흔들려 보여도 참습니다

내 그대 숨결 느껴져
저 꽃잎이 흩어져도 참습니다

이 가을에
나의 사랑은 그대를 멀리두고
기다리는 것이기 때문입니다

깊은 가을

뜨는 해를 그리워하다
노오란 은행잎이 되었습니다

지는 해를 그리워하다
붉은 단풍잎이 되었습니다

파란 하늘만을 그리워하다
차디찬 호수가 되었습니다

돌아선 가을

가슴앓이로 맞아
그리움으로 보냈던 가을
눈 한 번 마주쳐주지 않고 스쳐갔다

향기로운 낙엽
서늘한 바람
눈부신 햇살과 노래하는 빗물
손 한 번 잡아주지 않고 돌아섰다

가슴앓이로 철이 들어
그리움이 기다림인 줄도 알아
웃으며 보내려 했는데

눈인사 한 번
손짓 한 번 없이
그렇게 돌아서 갔다

은행나무

어제가 오늘인 듯
내일이 오늘인 듯
천년을 오늘인 듯

비바람 어루만지고
천둥번개 끌어안고
눈보라 쓰다듬고

한 계절
눈부신 황금빛으로
만가지 시름 덜어낸다

진눈깨비

눈도 아닌 것이 가슴 부풀게 하고
비도 아닌 것이 가슴 메이게 한다

늦은 저녁 희미한 가로등
지날 때는 하얀 웃음으로 보이더니
돌아올 때는 검은 눈물로 보이고

처음 맞이하는 이 겨울의 손님으로
나부시 인사하려 했는데
지난 계절 미련의 끄트머리
함께 모시고 온……

눈도 아닌 것이 창문 열게 하고
비도 아닌 것이 창문 닫게 한다

잔인한 날

금붙이를 들고 나왔다
세월이 상처낸 가락지
추억이 묻어 있는 팔찌
십자가로 다짐했던 목걸이

십육만 팔천 원을 받았다
맥주 몇 병과 과자 몇 봉
활명수와 감기약도 샀다

이런 날은 비가 온다
서울, 경기 호우주의보
오늘은 4월의 마지막 전날

별과 초승달

날이 선 칼과 같이
섬뜩하게 바라본다

고개 숙이고는
두 손 모아 빛을 뿜으며
기도한다

강하고 찬란한 빛을 찾아 떠나마
팔짱 낀 두 손
잠시도 손길 주지 않고……

스스로의 목숨만을 태우면서
다가서지도 못하고
세월이 가기만을
기도한다

04 햇살나무

숲1 숲2 숲3 숲4 숲5 숲6 아버지 자유인 비가 그친 후 처음 배운 노래
당신 속의 나 바람 불던 날 햇살나무 그 아이 겨울 호수 우리 꽁이

술 1

살아온 세월이
제법 쌓이다 보니
마시는 한 잔 술마다
제각기 사연이
목줄을 타고 눈가로 번진다
한 잔은
씁쓸한 미소로 넘어가더니
한 잔은
메어지는 가슴으로 넘어가고
끝내 한 잔은
깜박이면 쏟아질 눈가에 머물러
고개 숙인
술잔의 빛깔만 흐려놓는다

술 2

마음을 달래려고
독한 술을 찾는다

작은 잔에 찰랑찰랑
단숨에 털어 넣고
목젖에서 가슴 깊은 곳까지
소독해 내고
마음은 더욱 우울해 지다가
피울 줄도 모르는
담배를 꺼낸다

슬로우 풍의 비련한 노래를
기계 위에 얹어 놓고
실로 위대한 철학 같은
가사 속의 진리를 안주 삼아
독한 너를
향기로 알고 채운다

운명의 기나긴 밤
동쪽으로 밝아오는 해를 피해

서쪽으로 숨었다가
나는 동쪽으로 밤이 되어 들어선다
그리고
평화로운 내일을 위해
가슴을 알코올로 적신다

그러나
그것은 평화가 아닌 반란
알코올에 성냥불을 그어댄 순간
가슴엔 산불보다 무섭게
불길이 솟았다

술 3

행과 불행이
녀석,
너에게 달렸다

궂은날
불행은 너로부터 시작되어
한 줌 재로
무너지게 하더니

맑은 날
행복은 너를 시기하여
그 겨움을 이기지 못하고
또 다른 시련을 잉태시키고

녀석,
행과 불행이 마음속에 있다더니
나약한 사람들을
너는 지배한다

술 4

내가 술을 마시는 이유는
비 때문은 아니다

그렇지만
지금 내 가슴엔 비가 내린다

내가 술을 마시는 이유는
상처 때문은 아니다

그렇지만
지금 내 가슴엔 상처가 남아 있다

내가 술을 마시는 이유는
사랑 때문은 아니다

그렇지만
지금 내 가슴엔 지울 수 없는
사랑 하나가 있다

술 5

차디찬 손끝부터 열기가 퍼진다
설움을 흰 반점처럼 간직한 심장도
버터가 팬에 녹듯 뜨거워진다
신발 속 발가락들이 아우성이다

이 작은 한 병으로 너를 용서한다

술 6

잊혀지는 것들을
아쉬워 해본다
살면서 알게 모르게
잊혀져 가는 사람들, 기억들

오늘밤,
그를 잡아 앉혀 놓고
술을 마신다

잊혀지지 말자
잊지 말자
세월은 잊혀짐을 차곡차곡 쌓아
망각의 열쇠로 문을 닫는다

오늘밤
부산행 고속열차보다
빠르게 잊혀져 가는 너를 붙잡고
술을 마신다

아버지

하얗게 눈감고 계신 아버지
용서하세요
한 번도 진심으로 사랑해 본 적 없음을

무덥고 흐린 오늘
그곁에 무릎 꿇고
소주 한 잔 따르고 싶습니다

생전에
'슬픈 노래 좋아하면 팔자도 그렇다'
하셨죠
지금 나는 슬픈 노래를 부릅니다

당신을 미워했음에도
당신과 같은 모습으로
이 자리에 있는 것은
무슨 까닭인지요

자유인 自由人

아름다운 자유인은 어떤 모습일까
단숨에 들이키고 내려놓는 맥주잔처럼
지난 일을 비우는 것일까

진정 아름다운 자유인은 무엇일까
한 줌 낙엽 모아 하늘로 가을을 던지듯
서늘하게 잊는 것일까

내게 아름다운 자유인은
생애 단 한 번 깊은 가슴앓이
보석처럼 숨기고 살아 가는 것이다

비가 그친 후

지난밤
무척 그리운 이가 있었다

상처 난 가슴에
차갑게 부딪히는 빗물

조각난 진실에
아프게 파고드는 바람

지난밤
무척 그리운 이가 있었다

처음 배운 노래

처음 그대는
내게 서투른 노래

그대는
음정을 가르치며 눈빛을 주었다
그대는
박자를 가르치며 손길을 주었다
그대는
감정을 가르치며 영혼을 주었다

먼 훗날 그대는
내게 향기로운 노래

당신 속의 나

부어도 부어도
깨어진 독이다
보석같은 웃음을 부어도
햇살같은 가슴을 부어도

일그러진 눈과 귀
상처뿐인 손과 발
눈물이 모자라
가슴엔 멍이 자라고 있다

나침반도 없는 오늘
목마름을 견딜 수 없는 당신 속의 나

바람 불던 날

서늘한 바람이
시린 눈에 부딪혀
생각지 않던 눈물이
나도 모르게 고이던 날

흐린 시야에
뭉뚱그려 나타난
각혈같은 고통 하나

부를 수 없고
볼 수도 없는
그런 너와 같이

바람 불던 그 - 날

햇살나무

사월 봄볕에 금빛으로 물든
탐스러운 잎새들
눈이 부셔
차마 오래 보지 못했네

저 혼자의 몸으로
밝힐 수 없는
아름다운 황금빛

늦은 사월 햇살 아래
비로소
비상하는 날갯짓

아 -
눈이 부셔
차마 오래 보지 못했네

그 아이

이 애애애 –
그렇게 웃던 아이가 별이 되었다
이 애애애 –
하늘 푸른 웃음 웃던 그 아이가
영영 볼 수 없는 곳으로 한 줌 흙이 되어 갔다

내가 아는 그 아이는
크게 웃지도 못하고 이 애애애 –
내가 아는 그 아이는
끼니를 걸러서 키만 훌쩍 큰 아이
내가 아는 그 아이는
아직 진정 산다는 것을 알지도 못하고 간 아이

이 애애애 –
그렇게 웃던 아이가
또 있을까

겨울 호수

유리배가 여기저기
오래된 이야기들을 속삭이고

오후 무렵
해를 담은 바람이 유혹하면
지상에서 가장 맑은 소리로
조각 난 몸들이 노래를 한다

겨울 호수에 들리는 풍경 소리
풍경 소리……

우리 콩이

겁이 많아 눈이 큰 콩이
그래서 난 네가 좋아

인형과 공을 좋아하는 콩이
그래서 난 가끔 귀찮아

늘 혼자 있어 외로움 타는 콩이
그래서 난 죄책감을 느껴

입이 짧아 1.8kg 뿐인 네 살 콩이
그래서 난 마음이 아파

급하면 세 발로 뛰는 콩이
그래서 난 세상을 배워

이제, 우리 콩이
어미 콩이 될텐데……

스무 몇 해 전
나도 겁 많은 콩이었지

05 새와 나무

회상 사자-시 사랑 시작 수문 연 댐을 보며 싫어서가 아닌 사랑의 진심 10월에 겨울비
겨울 이야기 비밀 상자 새와 나무 상처 생활 너의 사랑은 내 마음 진심 같은 오늘

회상

그 길목
봄바람에 해지고 달빛 아래
그대 열아홉 떨리는 입술에
한 점 타오르는 자욱을 남긴 날

뒤도 안 돌아보고
달빛도 내 맘처럼 구름 뒤로 숨고
고동 치는 가슴으로 밤을 새우던 날

5월의 그 길목
헤어짐도 사랑의 한 모습이라는
싯귀를 안고 조용히 다가가 본다

사랑이 가고
세월이 가고
그 날의 향기가 바람으로 느껴지는 이 길목
그 자리 그대로 있다

사死 자者 시時

온 세상은 어두웁고 뒤는 없다
몸은 가벼우나 마음은 무거워
이 어둠에 가라앉으려 해
가슴을 불살라
젊음에 태우려 하나
가없는 슬픔에 촛농처럼 녹아 버려
이 하얀 아픔
그 강을 넘어 도달한 이곳
이곳은 삶이 아니요,
바램이 아니요, 연민이 아니나
속세
이 갈망의 슬픈 눈 감음
설움을 버리고
매양 아희가 되어도
온 세상은 어둡고 뒤는 없다

사랑 시작

누구인지도
무엇인지도 모를
그런 것들이 시작되었다

귓불과 뺨으로 번지는
알 수 없는 고통의 씨앗이
가슴속에 자라게 되었다

울고 또 울면 씻겨질 것 같다
흐느껴 울었다
그러다가
잠이 들면 그대 꿈을 꾼다

누구인지도
무엇인지도 모를
그런 모습이 나를 자꾸만 잡는다

수문 연 댐을 보며

혓바늘 같은 아픔
밤안개처럼 스며들던 찬 눈물
가끔씩 내던지던 비수같은 상처
멍이 들 정도로만 때리던 고통

담고
가두고
담고
채우고
담고
새기고

한순간
허상이 거품되어 터져 버리고
분노가 폭우되어 토해져 나오고

싫어서가 아니다

싫어서가 아니다
이 세상
어떤 이치도 영원하지 않음을
알기 때문이다

미워서가 아니다
땅이 꺼지는 한숨과
하늘이 무너지는 아픔으로
간신히 홀로서기를 했기 때문이다

보고프지 않아서가 아니다
그 눈빛 가슴에 새기고
그 손길 따뜻함을 느끼면
떠나지 못하고 서성일까 두려워서이다

사랑하지 않아서가 아니다
가진 것 모두 주어도
감춘 것 모두 꺼내 놓아도
사랑이란 말에 감히 견줄 수 없기 때문이다

사랑의 진실

결국은 미쳐버리고야 말
침묵의 시간을 남겨두고
너는 날개 달고 날아갔다

비 내리는 오후
손톱을 물어뜯다가
가슴에 너를 묻는다

완전한 사랑은
기다림이었음을 배우고
눈물이었음을 배우고
침묵하는 진실이었음을 배운다

비 내리는 창가
먼 산 바라보다가
가슴에 나를 묻는다

10월에

가야할 때라고 느꼈다
서늘한 바람이 등 밀기 전에

지난 여름
화려한 축제 때문에
서성이다 잊고 있었다

이즈음 색이 바래기 전에
잊어야 하는 걸 알았다

코끝에 묻어오는
하늘빛이 너무 시려
저절로 눈물이 맺히고

사랑도 잡아둘 수 없듯이
너도 떠나보내야 한다

겨울비

밤도 아닌데
온세상 젖어들 듯
검은 오렌지 빛으로 물든다

자꾸만 하늘을 보아도
떠난 사람 모습처럼
무표정하기만 하고……

다가설 듯
다가설 듯

겨울 이야기

오늘만 눈 오고 안온다니?
겨울을 사랑한다던
어떤 사람의 한마디

오늘 또 함박눈이
그 날처럼 소리없이 내린다

겨울이 가기전, 언제고 내릴 눈이지만
어깨 가득 하얀 추억 쏠어 주는 아름다운 모습은
먼 훗날 어느 겨울 이야기

오늘만 눈오고 안온다니?
겨울을 사랑한다던
어떤 사람의 속삭임

비밀 상자

하나의 상자에
알 수 없는 빛나는 눈빛을 담는다
둘의 상자에
달콤하고 감잎같은 입술을 담는다
셋의 상자에
뜨겁고도 냉철한 가슴을 담는다
넷의 상자에
정성스럽고 세심한 손길을 담는다
다섯의 상자에
유쾌하고 간결한 웃음을 담는다
여섯의 상자에
넉넉하고 푸근한 어깨를 담는다
일곱의 상자에
온순하고 맑은 영혼을 담는다
여덟의 상자에
친절하고 부드러운 음성을 담는다
아홉의 상자에
깨끗하고 상쾌한 향기를 담는다

그리고
마지막 상자에
나의 알 수 없는 마음을 담는다

새와 나무

나무는 자유로운 새가 되어 날아다니라고 했다
새는 그렇게 말할 수밖에 없는 나무를 사랑했다
나무에게는 사랑할 것이 많았다
바람, 비, 햇살……

새는 늘 멋지고 큰 잎을 가진 나무가
이야기를 해주고 비를 피해주고
바람을 막아주는 줄만 알고
아무 준비를 못했다

새는 가끔 노래도 부르고
나무가 보이는 곳에서 춤도 추고, 가지를 쪼아도 보고,
철없는 세월을 보냈다

어느 날
새는 나무가 새로운 새와 이야기를 하는 걸 보았다
새는 나무의 마음을 알고
그만 그 자리를 떠나야 한다고 생각했다

그러나, 나무가 보이지 않는 곳까지
날아보지 않은 새는
두렵고 외로운 생각에 쉽게 날개를 펴지 못했다
힘겨운 날갯짓으로 깃털만 뽑아대고 있다

상처

상처가 난 자리에 또 상처가 났다
새살이 돋기도 전에
다시 상처가 났다

이제 아물만도 한데
추억처럼 또 아프다

꼭 그 자리
흉터가 남았다

생生 활活

얼어붙은
수도꼭지가 내게 말했다

울지 말라고

손끝이 저린
보랏빛 마디마디
하얗게 꿈틀거리는 손

너의 사랑은

눈빛으로 가두어 놓고
치졸한 언어로 학대한다

가슴으로 붙잡아 놓고
칼날같은 비웃음으로 심장을 찌른다

너의 사랑은

내 마음

내 마음
잔잔한 호수 같지 못하고
늘 소용돌이 치는 바다와 같다

내 마음
은은한 노을빛 하늘 같지 못하고
늘 구름 가득한 검은 하늘과 같다

전설 같은

하늘 위에는
너무 별이 많다

저 하늘 위에
더욱 반짝이는 별이 있다

매일 밤
전설같은 눈물이 흘러 빛이 되었다

오늘

오지 말아요
오지 말아요
'오늘'이란 세월 속에
갇혀 버릴지 몰라요

오지 말아요
제발 오지 말아요
'어제'란 세월 속에
묻어 버릴지 몰라요

오지 말아요
정말 오지 말아요
'내일'이란 세월 속에
달려 나갈지 몰라요

작품해설

신선하고 선명한 언어의 조합으로 이룩한 흡인력

지연희 | 시인, 수필가

| 작품해설 |

   시는 산문에 비하여 짧은 행과 연으로 나뉘는 형식을 지니고 있다. 때문에 시인의 사상과 감정의 표현이 응축되어 있고 강렬한 통일성을 지니며 점층법적 순서로 배열하는 것이 그 특징이다. 더불어 위대한 시의 불가결한 요소가 바로 '구체성'이라는 것이다. 시는 특수하고 구체적인 것에 역점을 두는 문학 장르이기 때문이라 한다. 한 행의 시로 세상을 담을 수 있다면 가장 훌륭한 시가 될 수 있을 것이라는 어느 시인의 말씀을 들은 적이 있다. 시는 응축이며 응축의 아름다움이 훌륭한 시의 기반이 된다.

   정경혜 시인의 첫 시집 「멀리 날아보지 않은 새」의 원고를 받아들고 숲속 싱그러운 바람 한 줄기를 마신 듯했다. 신선하고 선명한 언어의 조합으로 쉽게 독자를 끌어당기는 흡인력이 보였다. 또한 머뭇거림 없는 솔직 담백한 표현들이 친화력을 내보이며 독자에게 다가섰다. 정 시인의 성품이 작품의 배면에서 자연스럽게 스며난 것이라 본다. 본디 문학작품은 작가가 그려낸 영혼의 그림자이며 분신인 까닭이다. 2010년 계간문파문학 신인상 시 부문에 당선되어 시작활동을 시작한 시인의 꾸준한 창작열이 오늘의 성과를 이룩했다고 본다.

가로등 불빛이 나의 우산
불빛 아래 서서
빛의 파편들을 맞는다

진한 술잔이 나의 사랑
흔들리는 대로
파도의 눈물을 마신다

비 오는 저녁에는
오
는
저
녁
에
는

— 시 「비 오는 저녁」 전문

켜켜로 재어 놓은 포도알
해를 넘긴 외로움에
온몸으로 젖어드네
밤이면
아편같이 중독되는
고요한 세상 한 모퉁이

|작품해설|

> 살아 있는 시계소리와
> 흔들리는 잔 하나뿐
> 기억은 희미해지고
> 외로움도 더 갈 곳이 없어지면
> 해를 넘긴
> 달콤한 네오마스캇*
> 기다림과 홀로서기를 벗삼아
> 메마른 심장을 젖어들게 하네
>
> * 네오마스캇 : 포도의 한 종류로 청포도를 주로 일컬음
>
> - 시 「네오마스캇」 전문

 아름다운 조형미를 간직한 나무 한 그루를 감상하는 것 같다. 시「비 오는 저녁」은 가로 세로를 잇대어 언어의 조형미를 세우고, '비 오는 저녁'이 일으켜 세운 우울한 감성의 크기를 극대화 시키고 있다. '빛의 파편을 맞고, 파도의 눈물을 마신다'는 멜랑꼴리한 우수에 젖는 인물의 심상을 그렸다. '가로등 불빛이 나의 우산/불빛 아래 서서/빛의 파편들을 맞는다//진한 술잔이 나의 사랑/흔들리는 대로/파도의 눈물을 마신다'는 비 오는 저녁에 갇힌 화자의 모습이 애상에 젖어 드러난다. 비 오는 저녁에는 가로등 불빛 아래 하염없이 서서 빛의 파편을 맞는다거나, 진한

술잔을 들어 파도의 눈물 같은 술을 마신다는 것이다. 결국 비 오는 저녁은 술잔에 흔들리는 파도의 눈물(슬픔)을 마시는 날이다.

시 「네오마스캇」은 청포도로 숙성된 포도주를 말한다. 한 해를 넘긴 켜켜로 재어 놓은 시간의 외로움이 온 몸에 젖어들 때면 함께하는 대상으로 화자는 네오마스캇을 곁에 둔다. '밤이면/아편같이 중독되는/고요한 세상 한 모퉁이' 적막한 시간의 고요가 아편처럼 스며들며 외로움은 시간의 흐름에 따라 번식히는 병원균처럼 화자를 에워싸고 있다. 이 절대적인 고독을 나누는 벗이 네오마스캇이다. '살아 있는 시계소리와/흔들리는 잔 하나뿐/기억은 희미해지고/외로움도 더 갈 곳이 없어지면/해를 넘긴/달콤한 네오마스캇' 외로움이 더 갈 곳 없어질 만큼 극한의 외로움이 엄습하면 달콤한 네오마스캇이 메마른 심장에 젖어들게 된다. 네오마스캇은 고적한 밤 살아 있는 시계소리가 점점 더 크기를 더할 때(집중된 고요) 유일한 벗이 되어 외로운 이의 고뇌를 치유하는 대상이다.

   14년 만에 머리를 자른 것은

|작품해설|

소리칠 수 없는 내 부자유 때문인 것을
사람들은 상심(傷心)인 줄 안다

깨져버리지도 못하고 오그라드는
플라스틱 조각처럼
숨막히는 탈진의 나날들을
술로 토하고
눈물로 토하고

여기,
상념없는 푸르름의 바다여
나를 불러 네 곁에서 숨 쉬게 해다오
조각난 내 14년의 머리칼을 받아다오
네 가슴에 품고 나를 잠들게 해다오

말이 없는 불면의 바다여
네 생(生)의 재물로 나를 받아다오

- 시 「머리를 자르고」 전문

한동안
숨이 멎고……

무릎 꿇고 백팔 배의 기도로

번뇌를 덜어내듯
쌓아올린 예닐곱 개의 돌무덤으로
근심을 덜어내듯

가득 메운 전나무 숲 사이로
짙푸른 파도소리
부는 바람

어둡고 차가운
사바*의 기운이
나무**에 부는 바람 타고
내소사 대웅전
풍경에 울리면

그제사
멎은 숨이
토해 나오고 ……

---
* 사바 : 속세, 인간세계
** 나무南無 : namas, 돌아가 의지함. 부처 이름이나 경문 이름 앞에 붙여 절대적인 믿음을 나타내는 말

— 시 「나무南無에 부는 바람」 전문

시 「머리를 자르고」는 웅크리고 있던 14년의 숨막히는 시간들을 해방시키는 해방구의 공간이다. 어떤 억눌림의 간섭으로부터 벗어나 자유로운 공

| 작품해설 |

간의 확보라고 해도 될 것이다. '소리칠 수 없는 내 부자유 때문인 것을/사람들은 상심傷心인 줄 안다'는 자신으로의 도피가 정당화되는 일말의 터닝 포인트이다. '깨져버리지도 못하고 오그라드는/플라스틱 조각처럼/숨막히는 탈진의 나날들을/술로 토하고/눈물로 토하고'하던 나날에 대한 종지부인 것이다. 그리고 화자는 기원한다. 여기, 다시 말하면 해방공간인 '상념없는 푸르름의 바다여' 나를 곁에 두고 숨 쉬게 하고 조각난 내 14년의 머리칼을 받아 네(상념없는 세상) 가슴에 품고 나를 잠들게 하라는 기도이다. '말이 없는 불면의 바다여/네 생生의 재물로 나를 받아다오' 나를 새롭게 하라는 절실하고 간절한 기원이다.

　나무南無 namas의 사전적 의미는 돌아가 의지함을 말한다. 불경의 나무아미타南無阿彌陀 아미타불에게 돌아가 의지한다는 뜻이다. 불자로서 귀의하여 속세의 근심 걱정을 내려놓고 평안에 이르는 의미이다. 정경혜 시인의 시 중에서 앞서 언급한 몇 편의 시들이 보여주는 명암에도 드러나지만 시집의 많은 부문 외롭고 고단한 정신적 고통을 내포한 시들이 적지 않음을 발견하게 된다. 시인이 걸었던 삶의 빛깔이라는 점을 유추하게 하는데 시

「나무南無에 부는 바람」은 안도의 숨을 쉴 수 있을 만큼 그 지난한 삶에 부는 훈풍 같아서 다행스럽다는 생각에 머물게 한다. '한동안 숨이 멎고'로부터 시작하여, '그제사 멎은 숨이 터져 나오고'로 마무리 되는 이 시의 전말은 '무릎 꿇고 백팔 배의 기도로/번뇌를 덜어내듯/쌓아올린 예닐곱 개의 돌무덤으로/근심을 덜어내듯/중략/어둡고 차가운/사바의 기운이/나무에 부는 바람 타고/내소사 대웅전/풍경에 울리면' 깨달음의 경지에 이를 수 있다는 믿음이다.

> 한통의 편지가 밀려오더니
> 세찬 비바람으로
> 바위 위에 자욱을 남기고 간다
> 아직은
> 외투깃을 여미어야 할 겨울 끝자락
> 가슴 조금도 열어 보이지 못하고
> 자꾸 움츠린다
>
> 별 같은 ----- 비를 맞고
> 꽃 같은 ----- 비를 맞고
> 안개 같은 ----- 비를 맞고

| 작품해설 |

밀려온 한 통의 편지
하염없이 비를 맞는다

- 시 「겨울바다」 전문

배는 머물고
포구를 떠났다
반쯤 남은 술잔
너의 향기인 양 남겨두고

호주머니 끝에 마른손 찌르고
나는 돌아서는데
돌아서는 길,
짠 이슬이 입술에 너를 두고 갔다
내 안에
너를 두고 갔다

- 시 「안산포구에서」 중에서

절벽 아래
바위 위에
지는 햇살 저편에

하늘 빛깔

내려앉아
바람이 흔들어 내는대로
모습 간직한 포구

두 팔 벌려
가슴 가득 너를 품고파
어제를
빌려 타고
서해안을 달린다

- 시 「줄포 모항」 전문

  정 시인의 시집 속에는 특별한 공간과 특별한 대상이 시적 의미를 보여주기 한다. 그 하나는 '술'이라는 소재이고 그 하나는 '서해'라는 바다이다. 시 「겨울바다」, 시 「안산포구에서」, 시 「줄포 모항」 이외에도 서해를 중심축으로 감성의 빛을 밝혀낸다. 특별히 바다를 싫어하는 사람도 있겠으나 대개의 사람들은 바다를 좋아한다. 특히 정경혜 시인의 바다는 삶의 끈을 잇는 존재적 대상으로 '바다'는 생명이며 '파도의 눈물 - 시 「비 오는 저녁」' 일상의 편린 '불면의 바다 - 시 「머리를 자르고」' 등으로 배치하고 있다. 위의 시 「겨울 바다」는 한 통의 편지로

| 작품해설 |

바위 위에 자욱을 남긴 사연을 짚고, 아직 외투 깃을 여미어야 할 겨울의 끝자락에서 가슴을 열어 보이지 못하고 자꾸 움츠러드는 나를 발견한다. '별 같은 ----- 비를 맞고/꽃 같은 ----- 비를 맞고/안개 같은 ----- 비를 맞고' 별과 꽃과 안개로 대리된 아름다움(한 통의 편지=감동적인 사연)이 극한의 감정으로 비(눈물)에 젖고 있다.

시 「안산포구에서」, 시 「줄포 모항」은 생명의 생성하는 힘과 생명의 좌절과 실의에 젖는 아픔이 보인다. 앞서 전재하였듯이 바다는 생명이며 일상의 편린들이 숨 쉬는 공간으로 첫음절로 던지는 '짠 내음/소리치는 포구는/살아 있는 아픔이다'라는 의미가 설득되고 있다. 하여 '기울이는 술잔 속에/해도 지고/그 안에 살아 있는/너를 보았다/언제나 해맑던/언제나 소년 같던' 너의 존재에 대하여 독자는 주목하게 된다. 너라는 기억 속 대상에 대한 회억으로 '호주머니 끝에 마른손 찌르고/나는 돌아서는데/돌아서는 길,/짠 이슬이 입술에 너를 두고 갔다/내 안에 너를 두고 갔다'는 너를 향한 그리움이 짙게 묻어난다. 반면 시 「줄포 모항」은 마치 그리운 이를 만나기 위한 기대처럼 줄포 모항을 향한 벅찬 기대로 고속도로를 질주하는 차량을 만날 수 있다.

'어제를 빌려 타고'라는 어제와 오늘의 시간을 딛고 달리는 바퀴의 속도를 느낄 수 있다. '두 팔 벌려/가슴 가득 너를 품고파/어제를/빌려 타고/서해안을 달린다'는 기대에 찬 마음의 속도를 감지할 수 있다. 그리움 보내고, 그리움 맞이하는 두 편의 시는 모두 바다와 연결되어 있다.

> 살아온 세월이
> 제법 쌓이다 보니
> 마시는 한 잔 술마다
> 제각기 사연이
> 목줄을 타고 눈가로 번진다
> 한 잔은
> 씁쓸한 미소로 넘어가더니
> 한 잔은
> 메어지는 가슴으로 넘어가고
> 끝내 한 잔은
> 깜박이면 쏟아질 눈가에 머물러
> 고개 숙인
> 술잔의 빛깔만 흐려놓는다
>
> — 시「술 1」전문

|작품해설|

운명의 기나긴 밤
동쪽으로 밝아오는 해를 피해
서쪽으로 숨었다가
나는 동쪽으로 밤이 되어 들어선다
그리고
평화로운 내일을 위해
가슴을 알코올로 적신다

그러나
그것은 평화가 아닌 반란
알코올에 성냥불을 그어댄 순간
가슴엔 산불보다 무섭게
불길이 솟았다

- 시「술 2」중에서

잊혀지는 것들을
아쉬워 해본다
살면서 알게 모르게
잊혀져 가는 사람들. 기억들

오늘밤,
그를 잡아 앉혀 놓고
술을 마신다

잊혀지지 말자
잊지 말자
세월은 잊혀짐을 차곡차곡 쌓아
망각의 열쇠로 문을 닫는다

오늘밤
부산행 고속열차보다
빠르게 잊혀져 가는 너를 붙잡고
술을 마신다

- 시 「술 6」 전문

  술을 소재로 선택한 연작시 여섯 편 중에서 세 편의 시를 집중적으로 들여다본다. 문학은 특히 시는 삶의 실체와 그림자를 도구로 삼는 언어예술임에 분명하다. 사실적 체험을 바탕으로 용암처럼 솟구쳐 오르는, 또는 잔잔한 수면에 비치어 스며나는 햇살 같은 감정의 가닥이다. 정 시인의 연작시 '술'은 순도 높은 삶의 저변에 이는 운명적인 슬픔과 아픔을 치유하는 도구이며 이들을 끌어안는 카타르시스이다. 시 「술 1」은 살아온 세월의 크기가 제법 쌓이다 보니 마시는 술잔마다 제각기 사연을 안고 목줄을 타고 눈가로 번진다는 결국은 슬픔

|작품해설|

의 방정식에 닿고 만다. 물론 술의 끝은 슬픔에 이르는 값이다. '한 잔은/씁쓸한 미소로 넘어가더니/한 잔은/메어지는 가슴으로 넘어가고/끝내 한 잔은/깜박이면 쏟아질 눈가에 머물러/고개 숙인/술잔의 빛깔만 흐려놓는다'는 것이다. 시「술 2」는 마음을 달래려고 독한 술을 찾는다. 작은 잔에 찰랑거리는 술을 단숨에 털어 넣고 목젖에서 가슴 깊은 곳까지 소독해 내지만 더욱 우울한 나를 발견하고 만다. '운명의 기나긴 밤/동쪽으로 밝아오는 해를 피해/서쪽으로 숨었다가/나는 동쪽으로 밤이 되어 들어선다'는 견딜 수 없는 운명의 나침판 위에서 방향을 잃고 만다. 동쪽으로 밝아오는 해를 피하기 위해 서쪽으로 숨었다가 동쪽으로 밤이 되어 들어서는 모순을 깁는다. 빛을 내장한 동쪽의 방향성이 어둠이 되어지는 절망의 아픔이다. '그것은 평화가 아닌 반란/알코올에 성냥불을 그어댄 순간/가슴엔 산불보다 무섭게/불길이 솟았다'는 마음을 달래기보다 오히려 불을 지피고 만 모순을 보여준다. 시「술 6」은 잊혀져 가는 사람들, 기억들에 대한 회복이다. 기억 속의 잊혀져 가는 사람들을 재생시키기 위한 방편이다. 그러나 잊혀지지 말자. 잊지 말자 하지만 세월은 망각의 열쇠로 기억의 문을 닫는

다는 아쉬움을 말한다. '오늘밤/부산행 고속열차보다/빠르게 잊혀져 가는 너를 붙잡고/술을 마신다'는 기억 속에 지워져가는 사람들에 대한 회복을 위해 술은 다시 잔에 부어지고 있다.

    사월 봄볕에 금빛으로 물든
    탐스러운 잎새들
    눈이 부셔
    차마 오래 보지 못했네

    저 혼자의 몸으로
    밝힐 수 없는
    아름다운 황금빛

    늦은 사월 햇살 아래
    비로소
    비상하는 날갯짓

    아 –
    눈이 부셔
    차마 오래 보지 못했네

                        – 시「햇살나무」전문

| 작품해설 |

　치유되지 않는 상처를 안고 내일을 내다볼 수 없는 오늘을 살고 있다면 그처럼 슬픈 일이 없을 것이다. 그러나 정경혜 시인의 대다수의 시를 마주하며 가슴을 울리던 아픈 기억들이 위의 시 「햇살나무」를 감상하면서 어둠에서 빛으로 일어서는 기쁨을 맞이할 수 있었다. 역경을 딛고 일어서는 사람들이야 말로 높은 하늘을 가까이 마주할 수 있고 드넓은 평야를 조망할 수 있는 안목을 지니게 된다. 위의 시 「햇살나무」는 '아 -/눈이 부셔/차마 오래 보지 못했네'로 빛의 세계에 희망의 세계에 도달하는 아침의 눈부심을 말하고 있다. '사월 봄볕에 금빛으로 물든/탐스러운 잎새들/눈이 부셔/차마 오래 보지 못했네//저 혼자의 몸으로/밝힐 수 없는/아름다운 황금빛//늦은 사월 햇살 아래/비로소/비상하는 날갯짓' 햇살나무의 비상하는 몸짓이 지난밤의 어둠을 말끔히 씻어내고 있어 기쁘다.
　한 권의 훌륭한 시집이 주는 감동은 독자를 매우 행복하게 한다. 습작기로부터 등단하기까지 오랜 시간 시를 짓기 위한 씨뿌리기에 혼신을 다했다면 등단 이후의 언어 고르기의 노고는 결실의 흔적이라고 보아야 할 것이다. 오늘의 이 말끔한 차림의 시집 한 권이 세상에 존재의 옷을 입기까지 수고 많았다는 격려와 칭찬을 아낄 수 없을 것 같다. 간혹 아름다운 목소리의 매혹적인 노래를 불러주어 대학가요제에 입상한 경력을 과시해 주는 자랑스러운 모습처럼 대한민국 문단의 역량있는 시인으로 성장해 주기를 기대한다. 무엇보다 중요한 것은 혼신을 다한 투신만이 믿음직한 결과를 낳는다는 점 잊지 않기를 빈다.

멀리 날아보지 않은 새

나무는 자유로운 새가 되어 날아다니라고 했다. 새는 그렇게 말할 수밖에 없는 나무를 사랑했다

정경혜 시집